*COLLECTION T. P*** DE REIMS*

MONNAIES & MÉDAILLES

GRECQUES, ROMAINES

FRANÇAISES ET ÉTRANGÈRES

VENTE AUX ENCHÈRES PUBLIQUES

HÔTEL DES COMMISSAIRES-PRISEURS, 9, RUE DROUOT,

Salle n° 8, au 1er étage,

Les Mercredi 17 et Jeudi 18 Décembre 1902

A 2 heures précises

EXPOSITION UNE HEURE AVANT CHAQUE VACATION

Commissaire-priseur :	*Expert :*
Me Maurice DELESTRE	M. J. FLORANGE
RUE SAINT-GEORGES, 5	QUAI MALAQUAIS, 21

PARIS

La vente sera faite au comptant.

Les acquéreurs payeront, en sus des adjudications, dix pour cent.

L'exposition mettant les acheteurs à même de juger de l'état des pièces, aucune réclamation ne sera admise aussitôt l'adjudication prononcée.

M. J. Florange se charge des commissions qui lui seront confiées aux conditions habituelles (5 0/0 sur la limite).

Il se réserve le droit de diviser ou de réunir les lots.

*COLLECTION T. P*** DE REIMS*

MONNAIES & MÉDAILLES

GRECQUES, ROMAINES

FRANÇAISES ET ÉTRANGÈRES

VENTE AUX ENCHÈRES PUBLIQUES

HÔTEL DES COMMISSAIRES-PRISEURS, 9, RUE DROUOT,

Salle n° 8, au 1er étage,

Les Mercredi 17 et Jeudi 18 Décembre 1902

A 2 heures précises

EXPOSITION UNE HEURE AVANT CHAQUE VACATION

Commissaire-priseur :	*Expert :*
Mᵉ MAURICE DELESTRE	M. J. FLORANGE
RUE SAINT-GEORGES, 5	QUAI MALAQUAIS, 21

PARIS

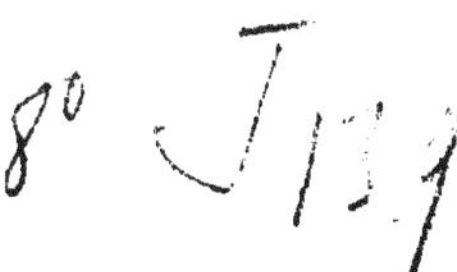

COLLECTION T. P*** DE REIMS

La collection de monnaies et de médailles que nous mettons en vente. est très riche en pièces d'or et a figuré en partie à l'exposition rétrospective de Reims en 1895 [1].

Le propriétaire de cette collection a acquis la plupart des monnaies romaines aux ventes de Quélen, Amécourt, Montagu, etc.

J. F.

Principaux ouvrages cités [2].

Pour les séries romaines : Babelon, *Monnaies de la République romaine*, etc.

Pour les séries romaines : Cohen, *Description des monnaies frappées sous l'empire romain*, 2e édition.

Pour les monnaies byzantines : Sabatier.

Pour les monnaies françaises, royales et féodales : Hoffmann et Poey d'Avant.

Pour les médailles : *Trésor de numismatique*; Armand, *Les Médailleurs italiens*, etc.

---

1. Catalogue des objets d'art et de curiosité exposés dans les salles et salons du Palais archiépiscopal, p. 179 et suiv.
2. Par des numéros entre parenthèses.

MONNAIES ET MÉDAILLES

MONNAIES GRECQUES

1 Syracuse. Tête d'Apollon, à g. ℞. Trépied. Or. *Demi-sta-tère.* B.

2 — Tête d'Apollon, à g. ℞. Lyre. Or. *Tiers de statère.* B.

3 Panorme (Carthage). Buste de Proserpine, à g. ℞. Cheval, à dr. Or. *Statère.* B.

4 — Mêmes types, mais le cheval regarde en arrière. Or. *Tiers de statère.* Rare.

5 Macédoine. Tête d'Apollon, à dr. ℞. ΦΙΛΙΠΠΟΥ. Figure conduisant un bige, à dr. ; dessous, un vase. Or. *Statère.* TB. *Voyez planche.*

6 — Même pièce ; sous les chevaux, une massue. Or. *Statère.* B.

7 — Même pièce ; sous les chevaux, une massue. Or. *Statère.* Style barbare. B.

8 — Tête d'Apollon, à dr. ℞. ΦΙΛΙΠΠΟΥ dans le champ ; au-dessus, un foudre. *Quart de statère.* Pièce trouée.

9 — Tête de Pallas, à dr. ℞. ΑΛΕΣΑΝΔΡΟΥ. Victoire deb. à g., tenant une couronne et un mât ; dans le champ, à g., ΑΡ en monogr. (Aradus de Phénicie). Or. *Statère.* TB. *Voyez planche.*

— 2 —

10 Égypte. Ptolémée I. Son buste, à dr. ℞. ΠΤΟΛΕΜΑΙΟΥ
ΒΑΣΙΛΕΩΣ. Aigle sur un foudre, à dr. ; dans le champ,
à g., une massue. Or. TB. *Voyez planche.*

11 Cyrène. ΧΑΙΡΙΟΥ. Jupiter assis, à g. ℞. ΚΥΡΑΝΑΙΩΝ.
Figure deb. dans un quadrige, à dr. Or. *Statère.* TB.
Voyez planche.

12 — ΠΟΛΙΑΝΘΕΥΣ. Jupiter deb. à g., sacrifiant. ℞. ΚΥΡΑ-
ΝΑΙΩΝ. Victoire deb. dans un quadrige, à dr. Or. *Statère.* TB. *Voyez planche.*

13 Perse. Darique d'or. Le roi à genoux, à dr., tenant un
arc et une lance. B.

14 Sassanide. Monnaie en vermeil. B.

15 Bactrie. Le roi deb., à g. ℞. Le dieu Siva. Or. B.

MONNAIES ROMAINES ET BYZANTINES

16 Italie. *Aes grave.* Br. — 6 p. variées. B.

17 République romaine. Double denier à la tête de Janus et
au quadrige. ROMA en relief. B.

18 — Même pièce avec ROMA en creux et deux deniers
indéterminés. — 3 p. B.

19 — Acilia, Aemilia et Antonia. Sept deniers variés. B.

20 — Caecilia. Deux deniers dont l'un à l'éléphant (Bab. 47
et 49). TB.

21 — Cassia. Trois deniers variés (4, 9 et 11). B.

22 — Cordia, Cornelia et Flaminia. R. — 4 p. B.

23 — Julia, Junia et Licinia. R. — 5 p. B.

24 — Marcia, Plancia et Poblicia. R. — 5 p. B.

25 — Pompeia, Rubria, Scribonia et Vibia. R. — 4 p. B.

25 *bis.* Jules César. III VIR RPC. Tête voilée, à dr. ℞. Éléphant marchant, à dr. et foulant aux pieds le Dragon.
Or. Quinaire. Pièce douteuse. TB.

26 Octave-Auguste. Sa tête laurée, à dr. ℞. C.L.CAESA-
RES AVGVSTI, etc. Caius et Lucius deb. tenant chacun une haste et un bouclier (Coh. 42). Or. B.

27 — Même pièce. Or. TB.

28 — Sa tête laurée, à dr. ℞. IMP.XII-ACT. Apollon Actien deb., à dr. (162). Or. TB.

29 — ℞. CAESAR AVGVSTVS S.P.Q.R. Bouclier entre deux branches de laurier (51). .R. TB.

30 — ℞. DIVVS IVLIVS. Comète (98). .R. TB.

31 — ℞. IMP.CAESAR. Arc de triomphe (123). .R. B.

32 — ℞. MAR-VLT. Temple rond (190). .R. B.

33 — ℞. OB CIVIS SERVATOS, dans une couronne de chêne (208). .R. — 3 p. B. et TB.

34 — Autre variété ; la couronne coupe la légende (210). .R. TB.

35 — ℞. SIGNIS RECEPTIS S.P.Q.R. Bouclier entre une aigle romaine et une enseigne militaire (265). .R. TB.

36 Tibère. Sa tête laurée, à dr. ℞. PONTIF.MAXIM. Livie assise, à dr. (15). Or. TB.

37 — Même pièce. Or. B.

38 — ℞. TR.POT.XVII.IMP.VII. Tibère dans un quadrige, à dr. (47). Or. B.

39 Antonia. Son buste à dr. couronné d'épis. ℞. Cérès deb., de face, tenant une torche allumée et une corne d'abondance (1). Or. TB. *Voyez planche.*

40 Claude I. Tête l., à dr. ℞. PACI AVGVSTAE. Némésis marchant, à dr. (50). Or. TB.

41 — Autre variété avec TR.P.VIIII.IMP.XVI (60). Or. TB.

42 Néron. Sa tête nue, à dr. ℞. PONTIF.MAX.TR.P.VII, etc. Mars deb. à g., le pied sur une cuirasse, tenant une haste et un parazonium (219). Or. TB.

43 — Tête l., à dr. ℞. SALVS. La Santé assise, à g. (313). Or. B.

44 — Tête nue, à g. ℞. ARA PACIS S.C. Autel (31). MB. B.

45 Vespasien. Sa tête l., à dr. ℞. NEP.RED. Neptune deb., à g., le pied posé sur un globe, tenant l'acrostolium et un sceptre (273). Or. TB. *Voyez planche.*

46 — Sa tête l., à dr. ℞. VESTA. Temple rond à quatre colonnes (578). Or. TB. *Voyez planche.*

47 Titus. Tête l., à dr. ℞. PAX AVG. La Paix, appuyée sur

une colonne, deb. à g. devant un trépied (131). Or.
Pièce trouée.

48 Domitien. Tête l., à dr. ℞. GERMANICVS COS XVII.
Pallas deb., à dr. sur un vaisseau, lançant un javelot;
à ses pieds, une chouette (168). Or. FDC. *Voyez planche.*

49 — Buste l. et drapé, à g. ℞. P.M.TR.POT.$\overline{\text{III}}$.IMP.$\overline{\text{V}}$.
COS.$\overline{\text{X}}$.P.P. Pallas deb., à dr. sur une proue de navire,
lançant un javelot (Cohen —). Or. TB. *Voyez planche.*

50 Trajan. Buste l. et drapé, à dr. ℞. FORT RED-COS.VI.
P.P.S.P.Q.R. La Fortune assise, à g., tenant un gouvernail et une corne d'abondance (148). Or. TB.

51 — Autre variété avec FORT.RED—P.M.TR.P.COS.
VI.P.P.S.P.Q.R (153). Or. FDC. *Voyez planche.*

52 — Buste l. et drapé, à dr. ℞. S.P.Q.R.OPTIMO.PRIN-
CIPI. Génie deb. à g., tenant une patère et des épis
(397). Or. FDC. *Voyez planche.*

53 — Même avers. ℞. S.P.Q.R.OPTIMO.PRINCIPI. Trois
enseignes militaires (576). Or. B.

54 — Deux deniers variés. ℞. B. et TB.

55 Adrien. Tête nue, à dr. ℞. COS.III.P.P. L'emp. en habit
militaire, deb., à g., tenant une haste entre trois
enseignes militaires (485). Or. TB. *Voyez planche.*

56 — Buste l., drapé et cuirassé, à dr. ℞. LIB.PVB—P.M.
TR.P.COS.III. La Liberté assise, à g. (902). Or. TB.
Voyez planche.

57 — Tête nue, à dr. ℞. LIBERALITAS AVG.VII. La
Libéralité deb., à g. (942). Or. TB. *Voyez planche.*

58 — Tête nue, à dr. ℞. SPES.P.R. L'Espérance marchant
à g. (1410). Or. TB. *Voyez planche.*

59 — Deux deniers et deux grands bronzes variés.

60 Sabine. Son buste à dr. ℞. IVNONI REGINAE. Junon deb.,
à g.; à ses pieds, un paon (46). Or. TB. *Voyez planche.*

61 Antonin le Pieux. Buste l., drapé et cuirassé, à dr. ℞.
COS.IIII. La Félicité deb., à g., tenant un capricorne
et un caducée ailé (250). Or. TB.

62 — Tête l., à g. ℞. COS IIII. L'emp. deb. à g., tenant un
globe (305). Or. TB.

63 — Même pièce d'un dessin varié (305). Or. TB.

64 — Quatre deniers variés. R. TB.

65 Faustine mère. Son buste à dr. R⁄. AETERNITAS. L'Éternité deb. à g., tenant une patère et un gouvernail posé sur un globe (2). Or. FDC. *Voyez planche.*

66 — Buste diadémé et voilé, à g. R⁄. AVGVSTA. Cérès voilée, deb. à g., tenant une torche et un sceptre (98). Or. TB.

67 — Deux deniers variés. R. B.

68 Marc Aurèle. M.ANTONINVS.AVG. Son buste l., drapé et cuirassé, à dr. R⁄. SALVTI AVGVSTOR.TR.P. XVII—COS.III. La Santé deb. à g., nourrissant un serpent enroulé autour d'un autel (559 var.). Or. B.

69 — Même pièce avec IMP.M.ANTONINVS.AVG. et le buste nu (560). Or. TB.

70 — Buste nu, drapé et cuirassé, à dr. R⁄. TR.POT.VIIII. COS.II. Rome en habit militaire, deb. à g., tenant une victoire et un parazonium (680). Or. TB.

71 — Buste l. et cuirassé, à dr. R⁄. TR.P.XXII.IMP.V. COS.III. L'Équité assise, à g. (900). Or. FDC.

72 — Trois deniers variés. R. TB.

73 Faustine jeune. Son buste à dr., les cheveux ondés. R⁄. MATRI MAGNAE. Cybèle assise, à dr. entre deux lions (168). Or. FDC. *Voyez planche.*

74 — Même buste. R⁄. SALVTI AVGVSTAE. La Santé assise, à g., nourrissant un serpent enroulé autour d'un autel (198). Or. TB.

75 — Son buste à dr. R⁄. VENERI FELICI. Colombe à dr. (229). Or. TB.

76 Lucius Vérus. Sa tête nue, à dr. R⁄. CONCORDIAE AVGVSTOR TR.P—COS.II. Lucius Vérus et Marc Aurèle se donnant la main (44). Or. TB.

77 — Buste l., drapé et cuirassé, à dr. R⁄. TR.P.V.IMP. III.COS.II. Vérus à cheval, galopant, à dr., foulant aux pieds un ennemi (275). Or. FDC. *Voyez planche.*

78 — Buste nu et cuirassé, à dr. R⁄. TR.P.VII.IMP.IIII. COS.III. Victoire marchant, à g. (293). Or. TB.

79 Lucille. Son buste à dr. ℞. VENVS. Vénus deb., à g.
(69). Or. Tranche limée. FDC.
80 — Même pièce. Or. Tranche limée. FDC. *Voyez planche.*
81 Commode. Son buste l. et cuirassé, à dr. ℞. P.M.TR.P.
VIIII.IMP.VI.COS.IIII.P.P. Jupiter deb. à g. ; à ses
pieds, un aigle (422). Or. FDC. *Voyez planche.*
82 — Trois deniers variés. B.
83 Septime Sévère. Dix deniers variés. TB.
84 — Dix deniers variés. TB.
85 — Dix deniers variés. TB.
86 Julie Domne. Cinq deniers variés. TB.
87 — Six deniers variés. TB.
88 Caracalla. Douze deniers variés. B. et TB.
89 — Dix deniers variés. TB.
90 — Dix deniers variés. TB.
91 Plautille. Plautille et Caracalla se donnant la main (10).
℞. TB.
92 Géta. Cinq deniers variés. TB.
93 Élagabale. Douze deniers variés. TB.
94 Alexandre Sévère. Huit deniers variés. TB.
95 Maximin I. La Providence deb., à g. Bill. B.
96 Pupien. AMOR MVTVVS AVGG. Deux mains jointes.
Bill. TB.
97 Gordien le Pieux. Buste l. et drapé, à dr. ℞. VIRTVTI
AVGVSTI. Hercule deb., à dr. (401). Or. B.
98 Gordien le Pieux, Philippe père, Otacilie et Philippe fils.
Neuf deniers variés. TB.
99 Trajan Dèce, Trébonien Galle et Volusien. Dix deniers
variés. TB.
100 Émilien. APOL.CONSERVAT. Apollon deb., à g. (2).
Bill. TB.
101 Valérien père et Mariniane. Deux deniers variés (55 et
16). TB.
102 Gallien. Buste l. et cuirassé, à dr. ℞. VICTORIA GER-
MA. La Victoire deb., à g. ; à ses pieds, un captif
(1159). Or. Petit module. AB.
103 Gallien et Salonine. Deux deniers variés. TB.

104 Hélène. La Sécurité deb., à g. Petit bronze. TB.

105 Galère Maximien. Tête l., à dr. ℞. IOVI CONS.CAES. Jupiter deb. de face, regardant à g. ; à ses pieds, un aigle (118). Or. Trou rebouché. TB. *Voyez planche.*

106 Constantin I. Tête l., à dr. ℞. PRINCIPI IVVENTV-TIS. L'emp. lauré, deb., à dr. (412). Or. TB. *Voyez planche.*

107 Crispe. Petit bronze argenté. TB.

108 Constant I. Buste diadémé et drapé, à dr. ℞. VICTO-RIAE DD.NN.AVGG. Deux Victoires deb., tenant une couronne (171). Or. TB.

109 Constance II. Tête diadémée, à dr. ℞.GLORIA REIPV-BLICAE. Rome et Constantinople assises de face, tenant un bouclier sur lequel on lit : VOT.XXXX (126). Or. TB.

110 — Autre variété aux mêmes types. (108). Or. TB.

111 — Buste diadémé, cuirassé et drapé, à dr. ℞. VICTO-RIA AVGVSTORVM. Victoire assise, à dr., sur un bouclier et une cuirasse, écrivant VOT.VX (*sic*). MVLT.XX. sur un bouclier soutenu par un génie (243). Or. FDC.

112 — Même buste. ℞. VICTORIAE DD NN AVGG. Deux Victoires deb., tenant une couronne avec VOT.XX. MVLT.XXX. (280). Or. B.

113 — ℞. VOTIS XXX.MVLTIS.XXXX dans une couronne (343). Æ. TB.

114 Valentinien I. Buste l., drapé et cuirassé, à dr. ℞. RES-TITVTOR.REIPVBLICAE. L'emp. en habit militaire, tenant le labarum et une Victoire sur un globe (28). Or. TB.

115 — Même pièce, mais l'emp. tient un étendard orné d'une croix ; dans le champ, à g., une croix (26). Or. TB.

116 — Autre variété aux mêmes types ; à l'exergue, SLVG. (18). Æ. B.

117 Maxime. ℞. Rome assise de face (20). Æ. B.

118 Honorius. Buste diadémé et drapé, à dr. ℞. VICTORIA AVGGG. L'emp. deb., à dr., tenant un étendard et une Victoire sur un globe et mettant le pied gauche

sur un captif couché; dans le champ, R V; à l'exergue, COMOB (44). Or. TB.

119 — Même pièce. Or. TB.

120 — Même pièce; dans le champ, MD. Or. TB.

121 — Même pièce. Or. FDC.

122 — Même pièce; dans le champ, RM. OR. FDC.

123 Valentinien III. Buste diadémé et drapé, à dr. ℞. VIC-TORIA AVGGG. L'emp. deb. de face, tenant une croix et une Victoire sur un globe, et posant le pied droit sur la tête d'un serpent (21). Or. TB.

124 Arcadius. Buste casqué de l'emp., de face, avec lance et bouclier. ℞. CONCORDIA AVGGS. Constantinople assise de face, tenant une haste et une Victoire (Sab. 11). Or. B.

125 Théodose II. Mêmes types (Sab. 2). Or. FDC.

126 — Même avers. ℞. IMP.XXXXII.COS.XVII.P.P. Rome assise, à g. (Sab. 5). Or. FDC.

127 — Même avers. ℞. VOT XX MVLT XXX. Victoire deb., à g., tenant une longue croix (Sab. 13). Or. B.

128 — Mêmes types et légendes. Demi-sou d'or. B.

129 — Même avers. ℞. VOT XXX MVLT XXXX. Rome assise, à g. (Sab. 14). Or. TB.

130 Marcien. Buste casqué de face. ℞. VICTORIA AVGGG. Victoire deb., à g., tenant une longue croix (4). Or. FDC.

131 — Buste à dr. ℞. VICTORIA AVGVSTORVM. Victoire marchant, à dr. (8). Tiers de sou d'or. AB.

132 Léon I. Buste casqué de face. Revers du n° 130 (4). Or. TB.

133 — Même pièce. Deux variétés. Or. TB.

134 Zénon. Buste diadémé, à dr. ℞. Croix dans une couronne de laurier (7). Tiers de sou d'or. TB.

135 Anastase. Buste casqué de face. Revers du n° 130 (1). Or. FDC.

136 — Autre variété. Or. TB.

137 — Buste diadémé, à dr. ℞. VICTORIA AVGVSTORVM. Victoire marchant, à dr., regardant en arrière et tenant

la couronne et le globe (5). Tiers de sou d'or. Deux
variétés. B.

138 — Autre variété, mais la Victoire marchant, à dr. et
tenant une palme et une couronne. Tiers de sou d'or. B.

139 Justin I. Buste casqué de face. ℟. VICTORIA AVGGGI.
Victoire deb., à g., tenant une longue croix. Pièce
inédite. Or. TB.

140 Justin et Justinien. DN IVSTIN.ET.IVSTINIAN.P P.
AVG. Les deux empereurs nimbés, assis de face. ℟.
VICTORIA AVGGGS. Victoire deb., de face, tenant
une longue croix et le globe (1 var.). Or. TB. *Voyez
planche.*

141 Justinien. Buste casqué de face, tenant le globe crucigère. ℟. VICTORIA AVGGG H. Victoire deb. de face,
tenant une longue croix (au monogr. du Christ) et le
globe (3). Or. Pièce trouée. B.

142 — Buste diadémé, à dr. ℟. VICTORIA AVGGG. Victoire assise, à dr., écrivant sur un bouclier (4). Demi-
sou d'or troué. B.

143 — Autre variété plus petite. B.

144 — Buste diadémé, à dr. ℟. VICTORIA AVGVSTORV.
Victoire de face (5). Tiers de sou d'or. TB.

145 — Autre variété. Tiers de sou d'or. B.

146 — Autre variété. Tiers de sou d'or. TB.

147 — Deux autres variétés, dont une trouée. TB.

148 Maurice Tibère. **DN.TIЬERᏫAVRIC.PP.AV** et **VIC-
TORIA AYGGΔ.** Types du n° 141 (7 var.). Or. TB.

149 — Autre variété (1). Or. TB.

150 — Même pièce, d'un dessin plus large. TB.

151 Focas. Buste diadémé de face, avec le globe dans la main
dr. ℟. **VICTORIA AVGHE.** Victoire deb. de face,
tenant une longue croix (au monogr. du Christ) et le
globe (1). Or. TB.

152 — Autre variété. Or. TB.

153 — Autre variété avec AVGGB. Or. TB.

154 — Buste diadémé de face, tenant le volumen et la croix.
℟. Légende et type du n° 152. Inédit. Or. Pièce trouée.
TB.

155 Héraclius I. Buste diadémé de face, avec le globe dans la main dr. ℞. **VICTORIA AVG4E**. Croix sur trois degrés (2). Or. FDC.

156 Héraclius et Héraclius Constantin. Bustes diadémés des deux augustes, de face ; au-dessus, une petite croix. ℞. VICTORIA AVGGGB. Croix sur quatre degrés (49). Or. FDC.

157 — Autre variété ; la croix sur trois degrés et dans le champ, I (48 *bis*). Or. FDC.

158 — Autre variété. Or. B.

159 — Autre variété. Or. TB.

160 — Autre variété ; la croix sur deux degrés (50). Or. Flan épais. TB.

161 — Autre variété. Or. Flan épais. TB.

162 Héraclius, Héraclius Constantin et Héracléonas. Les trois augustes deb., de face, tenant chacun le globe crucigère. ℞ **VICTORIA AVG4I**. Croix sur trois degrés, accostée du monog. d'Héraclius et d'un **K** (106). Or. TB.

163 Constant II. Buste diadémé de face, avec le globe. ℞. **VICTORIA AVG4H**. Croix sur trois degrés (2). Or. FDC.

164 Constant II et Constantin Pogonat. Bustes diadémés des deux augustes, de face. ℞. Légende et croix du revers précédent (2). Or. Pièce trouée. B.

165 — Autre variété (1). Sou d'or épais. B.

166 Constant II, Constantin Pogonat, Héraclius et Tibère. Bustes des deux augustes de face. ℞. Croix sur trois degrés entre les effigies d'Héraclius et de Tibère (16 var.). Or. TB.

167 Constantin Pogonat, Héraclius et Tibère. Buste imberbe et diadémé de Constantin Pogonat de face, en costume militaire, tenant la lance sur l'épaule dr. ℞. **VICTO-RIA AVG4HX**. Croix sur trois degrés entre les deux augustes (3 var.). Or. TB.

168 Justinien II Rhinotmete. Buste diadémé de face, tenant

la croix et le globe. ℟. Buste du Christ, sur la croix
(2). Or. Pièce trouée. B.

169 Léon III l'Isaurien. Buste diadémé de face, tenant le
volumen et le globe. ℟. Croix sur trois degrés (1). Or.
Pièce trouée. B.

170 Léon III et Constantin V. Buste de Léon, de face, tenant
une longue croix et le volumen. ℟. Buste de Constantin avec les mêmes attributs (16). Or. Pièce trouée. B.

171 Constantin V Copronyme. Buste de face, diadémé et
tenant le globe crucigère. ℟. Croix sur trois degrés
(28 var.). Or. FDC.

172 Théophile, Michel et Constantin VIII. Buste diadémé de
Théophile, de face. ℟. Bustes diadémés de Michel et
de Constantin, de face (13). Or. B.

173 — Même pièce. Or. TB.

174 Basile II et Constantin IX. Bustes diadémés tenant
ensemble une longue croix grecque. ℟. Buste du Christ
tenant les Évangiles (5). Or. TB.

175 — Autre variété. Or. TB.

176 Isaac Ier Comnène. L'emp. deb., de face, tenant une
épée. ℟. Le Christ assis (1 var.). Sou d'or concave.
TB.

177 Constantin XIII. Ducas. L'emp. deb. de face, tenant le
labarum et le globe. ℟. Le Christ assis (2 var.). Sou
d'or concave. TB.

178 — Autre variété. Sou d'or concave. TB.

179 Romain IV et Eudocie avec ses trois fils. Le Christ deb.
de face, sur un coussin, couronnant Romain IV et
Eudocie deb. à ses côtés. ℟. Les trois fils d'Eudocie
deb., de face ; Michel, au milieu, tient le labarum, et
ses frères, le globe (4). Sou d'or concave. Pièce trouée.
TB.

180 — Autre variété. Sou d'or concave. Pièce trouée. B.

181 Michel VII Ducas. Buste diadémé, de face, avec le labarum et le globe. ℟. Buste du Christ de face (2). Sou
d'or concave. TB.

182 — Autre variété. Sou d'or concave. TB.

183 — Autre variété. Sou d'or concave. Pièce trouée. TB.

184 Alexis Ier Comnène. L'emp. deb. de face, tenant le sceptre et le globe et couronné par une main divine. R⁄. Le Christ assis (2 var.). Sou d'or concave. TB.

185 — L'emp. deb., tenant le labarum et le globe. R⁄. La Vierge assise. Sou d'or concave. Pièce trouée.

186 Jean II Comnène Porphyrogénète. La Vierge deb., couronnant l'emp. deb., tenant le volumen et le labarum. R⁄. Le Christ assis (4). Sou d'or concave. Pièce trouée. TB.

187 — Autre variété (2). Sou d'or. TB.

188 — Autre variété ; l'emp. ne porte que le globe (1). Sou d'or concave. TB.

189 — Saint Georges deb. de face, tient, avec l'empereur, une longue croix grecque. R⁄. Le Christ assis (7 var.). Sou d'or concave. Pièce trouée. TB.

190 Manuel Ier Comnène. L'emp. deb. de face, tenant le labarum et le globe, et couronné par une main divine. R⁄. Buste du Christ (2). Sou d'or. TB.

191 — Autre variété (3). Sou d'or concave. TB.

192 — Autre variété ; l'emp. tient le labarum et le volumen (4 var.). Sou d'or pâle et concave. TB.

193 Isaac II. L'Ange. Isaac et l'archange Michel deb. de face, tenant ensemble un glaive, etc. R⁄. La Vierge assise de face (1). Sou d'or concave. Pièce trouée. TB.

194 Michel VIII Paléologue. L'emp. à genoux, soutenu par l'archange, devant le Christ. R⁄. Buste de la Vierge entouré de l'enceinte fortifiée de Constantinople (1). Sou d'or concave. B.

195 Andronic II et Michel IX. Le Christ bénissant Andronic et Michel agenouillés à ses côtés. R⁄. précédent. Sou d'or concave. Pièce trouée. AB.

196 Théodore III Ducas Lascaris, emp. de Nicée. Saint Démétrius et Théodore deb. de face, tenant ensemble une sorte de labarum et s'appuyant chacun sur une épée. R⁄. Le Christ assis (6 var.). Arg. concave. B.

197 Romoald II, duc de Bénévent. **D.N.IVSTINIANVS.** Buste

de face, diadémé et tenant le globe. ℞. VICTORIA AVGT2̇7. Croix sur quatre degrés ; à l'exergue, CONOB dans le champ, à g. R. Or. TB.

198 — Autre variété. Or. TB.

MONNAIES GAULOISES ET FRANÇAISES

(Royales et féodales)

199 Marseille. Tête d'Apollon, à dr. ℞. MA dans les rayons d'une roue. Ⓡ. Obole. AB.

200 — Même obole, mais avec la tête d'Apollon, à g. Ⓡ. — 9 p. B.

201 Andecaves. Tête d'Ogmius, à dr., avec cordon perlé aboutissant à de petites têtes. ℞. Androcéphale, à dr. ; au-dessus, aurige ; au-dessous, un génie à mi-corps retenant les jambes du cheval (La Tour 6728). Or. *Statère*. B.

202 Santones. Tête à dr., les cheveux divisés en grosses mèches. ℞. Androcéphale à dr. ; au-dessus, l'aurige tenant le torques ; sous le cheval, main sur un fleuron. Électrum et cuiv. 3 var. B.

203 Atrebates. Buste lauré et dégénéré, à dr. ℞. Cheval disloqué, à dr. (8603 var.). Or. *Statère*. B.

204 Nerviens. Tête disloquée. ℞. Cheval, à dr. ; au-dessus, roue (8746). Or. *Statère*. TB.

205 Indéterminé. Tête à dr., les cheveux divisés en trois mèches. ℞. Quadrige à dr. Or. *Quart de statère*. B.

206 Remi. Tête disloquée. ℞. Cheval à dr. ; au-dessous, roue (8020 var.). Or. *Statère*. B.

207 — Trois monnaies variées (8040, 8082 et 8106). Br.

208 Trévires. Œil de profil. ℞. Cheval, galopant, à g. ; au-dessus, un V dans un ornement en forme de cœur ; au-dessous, cercles concentriques (8799). Or. *Statère*. B.

209 Philippe II Auguste. Buste du roi et buste de l'évêque
  Roger. Denier de Laon (17). AB.
210 Louis IX et Philippe IV. Gros tournois. — 2 p. T.B.
211 Charles IV. Royal d'or (2). TB.
212 Philippe VI. Écu d'or (3). Pièce ornée d'un cercle. B.
213 — Gros à la queue dit Poillevillain (22). B.
214 Jean le Bon. Franc à cheval (10). Or. B.
215 — Même pièce. Or. B.
216 Charles V. Franc à pied (2). Or. TB.
217 — Même pièce de fabrication grossière. TB.
218 — Autre variété. TB.
219 — Autre variété. Pièce trouée. B.
220 Charles VI. Écu d'or (1). TB.
221 — Écu d'or. Point sous la 4ᵉ lettre = Montpellier. TB.
222 — Écu d'or. Point sous la 8ᵉ lettre = Poitiers. TB.
223 — Écu d'or. Point sous la 13ᵉ lettre = Chalon. B.
224 — Écu d'or. Point sous la 16ᵉ lettre = Tournay. TB.
225 — Écu d'or. Point sous la 18ᵉ lettre = Paris. TB.
226 — Écu d'or. Point sous la 20ᵉ lettre = Saint-André de
  Villeneuve-lès-Avignon. TB.
227 Henri VI, roi d'Angleterre. Salut d'or. Rouen. FDC.
228 — Même pièce. FDC.
229 — Même pièce. TB.
230 — Noble d'or. TB.
231 — Petit tournois fr. à Châlons-sur-Marne (13). AB.
232 Charles VII. Écu d'or, La Rochelle (6). TB.
233 — Écu d'or, Tours (6). B.
234 — Royal d'or. Annelet sous la 6ᵉ lettre du revers =
  Tours (9). TB.
235 — Royal d'or. Fleurs de lis sous la 6ᵉ lettre de l'avers et
  du revers. TB.
236 — Royal d'or fr. à Chinon. TB.
237 — Royal d'or fr. à Chinon. Autre variété avec KARO-
  LAS : DEIG—RATIA : FRAII : XO. B.
238 Louis XI. Écu à la couronne, Limoges (4). Or. TB.
239 Charles VIII. Écu au soleil, Tours (6). Or. TB.
240 Louis XII. Écu au soleil, Saint-Pourcain (1). Or. TB.

241 — Écu au soleil, Lyon. Or. TB.
242 — Écu au soleil, Lyon. Or. B.
243 — Écu au soleil, Bayonne. Or B.
244 François Ier. Écu au soleil, Lyon (1). Or. TB.
245 — Écu au soleil, Paris (4). Or. B.
246 — Écu du Dauphiné, Grenoble (20). Or. B.
247 — Écu de Bretagne, Rennes (24). Or. TB.
248 Charles IX. Écu d'or au soleil, 1566, Paris (1). TB.
249 — Même pièce, 1567, La Rochelle. Or. B.
250 — Teston, 1562, Lyon (18). TB.
251 — Teston, 1567, Bayonne (15). B.
252 — Teston, 1573, Angers (25 var.). B.
253 Henri III. Quart d'écu. 3 variétés. B.
254 Charles X. Écu d'or au soleil, 1592, Paris (1). B.
255 — Quarts d'écu, 1590 et 1591. — 2 p. B.
256 Henri IV. Quart d'écu, 1599, Bayonne. B.
257 Louis XIII. Demi-louis d'or, 1642. — 2 p. TB.
258 — Louis d'arg. de 5 sols, 1642. B.
259 Louis XIV. Demi-louis d'or à la mèche courte, 1643,
     Paris (8). TB.
260 — Louis d'or à la mèche longue, 1651, Montpellier (12).
     TB.
261 — Louis d'or, 1673, Paris (26 var.). TB.
262 — Louis d'or aux insignes, 1701, Besançon (39). TB.
263 — Quart d'écu aux 3 couronnes, 1709, Reims (190). B.
264 Louis XV. Demi-louis d'or aux lunettes, 1726, Lille (17).
     TB.
265 — Même pièce, 1726, Bayonne. TB.
266 — Double louis d'or au bandeau, 1756, Lyon (18). Pres-
     qu'à fleur de coin.
267 — Même pièce, 1748, Strasbourg. Or. TB.
268 — Louis d'or au bandeau, 1765, Poitiers (19). FDC.
269 Louis XVI. Double louis d'or aux écus carrés, 1786,
     Lyon (5). TB.
270 — Même pièce, 1786, Paris. — 2 p. FDC.
271 — Même pièce, 1789, Bordeaux. B.
272 — Même pièce, 1790, Bordeaux. TB.

273 — Pièce de 24 sols, 1787, Orléans. TB.

274 Piémont (occupation française). 20 francs de Marengo, an 9. Or. FDC.

275 Bonaparte, 1er consul. Pièce de 40 francs, an 12, Paris. TB.

276 Napoléon Ier. Pièce de 40 francs, 1811, Paris. TB.

277 — roi d'Italie. Pièce de 40 lire, 1810, Milan. TB.

278 Marie-Louise, duchesse de Parme. Pièce de 40 lire, 1815. FDC.

279 Louis Napoléon, roi de Hollande. Ducat d'or, 1810. Tête et écusson. FDC.

280 Joachim Napoléon, roi des Deux-Siciles. 20 lire, 1813. FDC.

281 Bretagne. François Ier. Cavalier d'or, Rennes. TB.

282 — Autre variété. Or. — Blanc. — 2 p. B.

283 Aquitaine. Édouard III. Léopard d'or. TB.

284 — Édouard le Prince Noir. Guyennois d'or (P. d'A. 3068). TB.

284 *bis*. Béarn. Jean et Catherine. Blanc (P. d'A. 3379 var.). TB.

285 Provence. Charles Ier. Salut d'or. TB.

286 — Charles II. Salut d'or. FDC.

287 — Charles II. Salut d'argent et carlin. — 2 p. B.

288 — Robert. Carlin. B.

289 — Jeanne de Naples. Franc à pied d'or (P. d'A., pl. 90, n° 11). TB.

290 — Même pièce, moins belle.

291 — Jeanne et Louis de Tarente. Florin d'or. TB.

292 — Louis d'Anjou. Florin d'or. B.

293 Comtat Venaissin. Jean XXII. Florin d'or (P. d'A. 4140). FDC.

294 Orange. Raymond IV. Florin d'or (casque comme différent). FDC.

295 — Même pièce. TB.

296 — Même pièce (casque surmonté d'un cornet). B.

297 Arles (archevêché). Étienne de la Garde. Florin d'or. TB.

298 Dauphiné. Humbert II. Florin d'or (dauphin). TB.

299 — Louis, dauphin. Écu d'or fr. à Montélimar. TB.

300 Reims. Charles le Chauve. + CAROLVS REX FR. Croix cantonnée de quatre globules. ℞. + REMIS CIVITAS. Temple tétrastyle. Denier. B.

301 — +GRATIAD.I RE. Monogr. carolingien. ℞. REMIS CIVITA. Croix. Obole. TB.

302 Reims. (archevêché). Eudes II. +ODO COMES. Tète de face. ℞. + REMIS CIVITA. Croix (P. d'A. 6051). Denier. B.

303 — Gui Ier de Chatillon. + REMOR PRESVL. Dans le champ, VVI OO, en deux lignes. ℞. + VITA XPIS-TIANA Croix cantonnée d'un alpha et d'un oméga (P. d'A. 6055). Denier. TB.

304 — Gervais du Château-du-Loir. Monog. et croix (P. d'A. 6059). Denier. TB.

305 — Manassé Ier. ✳ ARCH(IPR)ESVL. Dans le champ : AIA SES, en deux lignes. ℞. ·ọ· VITA XPIANA. Croix dans un quadrilobe (P. d'A. 6061). Denier. B.

306 — Samson de Mauvoisin. Monogr. et croix (P. d'A. 6067 var.). Denier. TB.

307 — Autre variété (6068 var.). Denier. B.

308 — Guillaume Ier. Denier (6072). B.

309 — Gui II. Denier (6077 var.). B.

310 — Henri II. Denier (6080). B.

311 Comté de Chiny. Arnould III de Looz. Esterlin d'argent. B.

312 Lorraine. Henri Ier. Florin d'or au Saint-Nicolas. TB.

313 Metz (ville). Florin d'or. Style gothique. TB.

314 — Gros au Saint-Étienne à genoux. B.

315 Cambrai. Gui de Ventadour. Florin d'or. TB.

316 Besançon. Écu, 1661. Pièce dorée à bélière. TB.

Allemagne.

317 Ferdinand III. Essai en or du thaler, 1656, pour l'Autriche. 10 ducats. 34 gr. 50. TB. *Voyez planche.*

318 Marie-Thérèse. Ducat au buste de la reine et à la Vierge, pour la Hongrie, 1760. Or. FDC.

319 — Double ducat à la reine debout et à la Vierge, pour la Hongrie, 1765. Or. Pièce trouée. TB.

320 — Ducat aux mêmes types, 1758. Or. TB.

321 François II. Ducat aux mêmes types, 1796. Or. FDC.

322 Bohême. Wenceslas. Gros de Prague. TB.

323 Brunswick. Guillaume. Pièce de 10 thaler, 1834. Or.

324 Saxe. Jean-Georges Ier. Quart d'écu, 1619. B.

325 Brandebourg. Joachim et Albert. Gros à l'aigle. B.

326 Cologne (archevêché). Thierri de Moers. Florin d'or de Rielen. B.

327 — Ruprecht du Palatinat. Florin d'or de Bonn. TB.

328 Mayence (archevêché). Jean de Nassau. Florin d'or de Höchst. B.

329 Salzbourg (archevêché). Paris de Lodron. Demi-thaler en or, relatif à la bénédiction de la nouvelle cathédrale, 1628. 6 ducats. 20 gr. 90. Presqu'à fleur de coin.

330 — Jean-Ernest de Thun. Demi-écus, 1687 et 1695. — 2 p. TB.

Angleterre et Écosse.

330 *bis*. Édouard IV. Noble d'or. B.

331 Henri VII. Angelot. Or. B.

332 Jacques Ier. Crown, s. d. Or. B.

333 Jacques VI. Pièce à l'épée et au sceptre, 1602. Or. TB.

Espagne.

334 Pierre le Cruel d'Aragon. Florin d'or au différent ⅋. B.

334 *bis*. — Autre variété. Écusson en losange comme différent. B.

335 Ferdinand et Isabelle. Double ducat aux deux bustes, fr. à Séville. Or. B.

336 — Autre variété. Or. TB.

337 — Autre variété. Or. TB.

338 — Autre variété. Or. B.

339 — Ducat aux mêmes types. Or. B.

340 Jeanne et Charles. Ducat. Or. 2 var. B.

341 Charles-Quint. Ducat d'or. AB.

342 Philippe V. Double réal au monogr., fr. à Ségovie. TB.

343 — Double réal fr. à Mexico, 1734. TB.

344 Charles IV. Demi-écu fr. à Potosi, 1808. TB.

Italie.

345 Florence. Florin d'or. B.

346 — Autre variété. TB.

347 Gênes. Quadruple écu d'argent à la Vierge à l'Enfant, 1692. Vermeil. TB.

348 Lucques. Ducat. 1552. Or. TB.

349 Milan. Bernabo et Galéas II. Gros. B.

350 Naples. Alphonse d'Aragon. Écu d'or au cavalier. FDC.

351 — Alphonse d'Aragon. Autre variété. Or. TB.

352 — Charles-Quint. Ducat d'or. TB.

353 Parme et Plaisance. Alexandre Farnèse. Quadruple écu d'or à la louve, 1596. B.

354 Rome. Pie IV. Gros au Saint-Pierre deb. TB.

355 — Alexandre VII. Teston s. d. Main tenant une balance. TB.

356 — — Gros s. d. Table couverte de monnaies. TB.

357 — Clément X. Écu, 1675. La Porte sainte. TB.

358 — Innocent XI. Écu s. d. (1676). Saint Mathieu. TB.

359 — Innocent XI. Quattrino, 1686. B.

360 — Alexandre VIII. Écu, 1690. La Papauté deb. TB.

361 — Innocent XII. Quadruple écu d'or, 1694. Buste et fontaine. TB.

362 — Innocent XII. Écu, 1699. Vue d'un port. FDC.

363 — Clément XI. Écu, 1702. La Vierge de Trastevere. TB.

364 — Pie VI. Monnaies divisionnaires. Arg. et cuiv. — 6 p. B.

365 — Pie VII. Pistole au Saint-Pierre, s. d. (an XVI).
FDC.

366 — Pie VII. Monnaies variées. Arg. et cuiv. — 7 p. B.

367 — Grégoire XVI. Pièce de 10 scudi, 1837. Or. FDC.

368 — République. 3 baiocchi, 1849. TB.

369 — Pie IX. Pièce de 5 scudi, 1854. Or. TB.

370 — Pie IX. 2 lire, 1867 et baioccho, 1851. — 2 p. TB.

371 Savoie. Christine de France et Charles-Emmanuel. Quadruple écu d'or, 1641. TB.

372 Venise. Antoine Venier. Sequin. Or. TB.

373 — François Foscari. Sequin. Or. AB.

374 — Jean Mocenigo. Gros au Christ assis de face. B.

375 — André Gritti. Ducat d'or. TB.

376 — André Gritti. Lira. TB.

377 — Jérôme Prioli. Seizain. B.

378 — Aloïs Mocenigo. Sequin d'or. FDC.

379 — François Molino. Pièce de 10 sequins. Or. TB.

380 — Aloïs Pisani. Oselle, 1730. Or. Pièce trouée. B.

381 — Pierre Grimani. Oselle, 1741. Or. Jolie pièce avec
monture.

382 — Pièce de 20 lire, 1848. TB.

Pays-Bas.

383 Flandre. Louis de Mâle. Chaise d'or. TB.

384 — Le même. Franc à cheval. Or. Presqu'à fleur de coin.

385 — Le même. Lion d'or. TB.

386 — Philippe le Bon. Noble d'or au type anglais. FDC.

387 — Philippe le Bon. Autre variété. TB.

388 — Philippe le Bon. Cavalier d'or. TB.

389 — Philippe le Bon. Lion d'or. TB.

390 — Charles le Téméraire. Florin d'or au Saint-André. TB.

391 — Le même. Gros à l'écusson. B.

392 — Albert et Isabelle. Double souverain, 1613. Or. TB.

393 — Philippe IV. Écu d'or fr. à Bruxelles, 1631. TB.

394 Gand. Noble d'or au type anglais, 1582. FDC.

395 Hainaut. Philippe le Bon. Lion d'or. TB.

396 Brabant. Wenceslas et Jeanne. Franc à cheval (De Witte
    391). Or. TB.

397 — Charles-Quint. Double florin au buste armé. Or. FDC.

398 — Le même. Florin fr. à Anvers. Mêmes types. Or. TB.

399 — Le même. Écu d'or, 1544. TB.

400 — Le même. Même pièce moins belle.

401 — Le même. Écu d'or, 1553. TB.

402 — Le même. Écu d'or, 1554. B.

403 Limbourg. Philippe le Bon. Écu d'or au Saint-Pierre. B.

404 Tournay. Philippe IV. Quadruple souverain ou piéfort
    du demi-ducaton, 1623. Or. TB. *Voyez planche.*

405 — Philippe IV. Souverain au lion armé, deb., posant la
    patte sur un globe, 1655. Or. TB.

406 Hollande. Philippe le Bon. Écu d'or. B.

407 — Patard fr. à Dordrecht, 1499. B.

408 — Pièce de 10 ducats, 1687. Coin du ducaton. Or. FDC.

409 Provinces-Unies. Ducat au chevalier deb., 1742. Or. B.

410 — Même pièce, 1745. Or. B.

411 — Même pièce, 1776. Or. B.

412 — Florin pour la Westfriese, 1785. TB.

413 — Ducat. 1841. Or. FDC.

414 Nimègue. Double ducat d'or au Saint-Étienne. TB.

415 Zwoll. Double ducat aux bustes de Ferdinand et d'Isa-
    belle. Or. TB.

416 Belgique. Lion d'or, 1790. FDC.

417 Gueldre. Charles d'Egmont. Florin d'or au cavalier. TB.

418 — Le même. Florin d'or au Saint Jean-Baptiste. TB.

419 — Philippe II. Ducat s. d. Or. TB.

Pologne.

420 Sigismond Ier. Gros fr. à Thorn, 1534. TB.

Portugal.

421 Jean III. Écu d'or. B.

Russie.

422 Catherine II. Impériale, 1764. Pièce à bélière. B.

Indes.

423 Pièce globuleuse ornée d'une étoile (classée aussi à la série gauloise). Or. B.

MÉDAILLES ARTISTIQUES
France.

424 Philippe VI et Blanche de Navarre. Buste du roi, à dr. R'. Buste de la princesse, à g. (*Trésor de num. et de glyptique*, méd. franç. de Charles VII à Louis XVI, pl. I, fig. 3). Or. 56 mm. 23 gr. Travail allemand du commencement du xvie siècle. TB.

425 Louis XI. Buste à dr. du roi coiffé d'un bonnet (*Trésor de num.*, pl. III, fig. 4). Br. uniface. 61 mm.

426 Louis XII et Anne de Bretagne. Grande médaille faite à Lyon, 1499 (*Trésor de num.*, pl. V, fig. 1). Br. 111 mm. B.

427 — Buste de Louis XII, à dr. R'. Buste de la reine, à g. (*Trésor de num.*, pl. IV, fig. 6). Or. 56 mm. 22 gr. TB. *Voyez planche.*

428 Henri IV. Deux médailles variées. Br. Frappe moderne. FDC.

429 Louis XIII. Buste à g. (*Trésor de num.*, pl. XXI, fig. 2). Br. uniface. Coin de Warin. 73 mm. TB.

430 — Autre médaille ovale, 1610 (*Trésor de num.*, pl. IV, fig. 5). Br. 55 × 42 mm. B.

431 Anne d'Autriche et Louis XIV. Buste de la régente, à dr. ; sur la tranche du bras : WARIN. R'. Buste enfantin de Louis XIV, à dr. ; au-dessous : WARIN. 1643 (*Trésor de num.*, pl. XXII, fig. 4). Arg. 57 mm. TB.

432 Louis XIV. Deux méd. de Mauger. Br. 41 mm. TB.

433 Louis XV. Naissance du comte d'Artois, 1757. Buste lauré du roi, à dr. R'. ARTESIA IN ANTIQUUM DECUS RESTITUTA. La province d'Artois s'incline en présentant une couronne de laurier au prince nouveau-né, que la France tient dans ses bras. Coin de Roettiers fils (*Trésor de num.*, pl. XLVIII, fig. 8). Or. 41 mm. 63 gr. TB.

434 — Méd. de 1720, 1752 (Chambre de commerce de Rouen) et 1758 (Mairie de Rouen). Br. — 3 p. TB.

435 — Méd. satyrique anglaise de 1759. Défaite de la flotte française à Quiberon, etc. Cuiv. TB.

436 Méd. satyrique de 1791 à la Messaline. Plomb. 90 mm. B.

437 Bonaparte, né à Ajaccio. Son buste, à g. R'. Légende dans une couronne, 1797 (Mill. 835). Br. Tranche feuillue. TB.

438 Bonaparte, Cambacérès et Lebrun, consuls. Méd. de Jeuffroy, 1802. Paix d'Amiens (Mill. 55). Arg. 68 mm. TB.

439 Paix d'Amiens, 1802. Grand médaillon uniface (*Trésor de num.*, pl. LXXXIX, fig. 5). Étain. TB.

440 Bataille de Leipzig, 1813. Jeton aux bustes des emp. d'Autriche et de Russie. Cuiv. B.

441 Louis XVIII et Charles X. Arg. et br. Huit méd. variées. TB.

442 Méd. de 1830. Arg. à bélière. FDC.

443 Conseil des prud'hommes. Insigne en argent. FDC.

444 Louis-Philippe. Grand médaillon signé L. et C. Cuiv. repoussé. TB.

445 République. Petite méd. de Borrel, au nom gravé de E. Napoléon Zenowicz (Saulcy, 31, 10). Arg. à bélière. TB.

446 Méd. satyrique relative aux élections de 1852. Étain. TB.

447 Napoléon III. Arg. et cuiv. — 2 p. TB.

448 République. Méd. du ministère de l'agriculture, de Pons-

carme. Concours régional agricole d'Épernay, 1884. Arg. 51 mm. TB.

449 L. de Boucherat, chancelier. Méd. de Molart, 1685. Br. 80 mm. TB.

450 Chambord (Cte de). Les légitimistes du Nord de la France à Anvers, 1872. Br. 37 mm. FDC.

451 Colbert, ministre. Méd. de Roussel, 1674. Br. 62 mm. FDC.

452 Lafayette, général des gardes nationales, 1830. Br. 51 mm. FDC.

453 Laffitte (Jacques), financier. Cliché de Montagny. Étain. 51 mm. TB.

454 Le Brun (Ch.), peintre du roi, chancelier de l'Académie de peinture. Son buste à dr. ; au-dessous : F.CHERON. R̶. ARTIVM.MATER.DIAGRAPHE. La déesse du dessin, deb., à dr., entourée des attributs des arts (*Trésor de num.*, pl. XXIX, fig. 6). Br. doré, 71 mm. TB.

455 Lelewel, numismate polonais. Méd. de Veyrat. Br. 50 mm. FDC.

456 Le Tellier, chancelier de France. Méd. de Bernard, 1684. Br. 85 mm. TB.

457 Maures (Anne de). Méd. de Warin (*Trésor de num.*, pl. XXXII, fig. 3). Étain. 105 mm. TB.

458 Perrenot (Ant.), évêque d'Arras. Méd. uniface. Étain. 95 mm. TB.

459 Le même comme cardinal de Granvelle. Br. uniface. 71 mm. Pièce douteuse. B.

460 Quinault, poète dramatique. Méd. uniface de Curé. Br. 61 mm. TB.

461 Soc. des amis des arts de Lyon. Méd. de Dantzell, 1849. Br. 83 mm. FDC.

462 Petite méd. au type des drachmes de Marseille. Tête de Cérès, à dr. R̶. Dans une couronne : REUNION DES ROMAINS 1833. Arg. 19 mm. TB.

Allemagne, Hollande, etc.

463 Cinq méd. variées. Br. B.

464 Éléonore d'Autriche et Charles V de Lorraine. Leurs bustes. ℞. Deux cœurs enflammés, couronnés et posés sur un autel à deux têtes, placé entre les armes de Lorraine et d'Autriche (Herrgott, t. II, pl. XXXVIII, fig. 24). Br. 75 mm. TB.

465 François Ier et sa famille arrivant à Innsbruck, 1765. Quatre bustes accolés, à dr. ℞. Arc de triomphe. Arg. 47 mm. 44 gr. TB.

466 Charles-Alexandre de Lorraine, grand maître de l'Ordre teutonique. Son neveu, l'archiduc Maximilien créé chevalier de l'ordre, 1770. Méd. de Krafft. Arg. 51 mm. FDC.

467 François Ier. Méd. de Wirt. ℞. IVSTITIA REGNORVM FVNDAMENTVM. Les insignes sous la couronne impériale. Or. 43 mm. 43 gr. TB.

468 Le même. Méd. de Harnisch. Fondation de l'institut polytechnique à Vienne, 1815. Or. 43 mm. 52 gr. 50. TB.

469 M.C.LUDOVICI.CONC.AVL.ET.CONS.ECCLES-CIZ. Son buste vu presque de face; au-dessus : A.AET. LII. ℞. Sur une banderole : VIGILANTER. Cigogne deb., à g., sur un crâne; à l'exergue : C.SCHMIDT— FECIT. Méd. ovale à bélière. Arg. 55 × 46 mm. TB.

470 Méd. de mariage signée I.B. Commencement du xviiie siècle. Arg. 36 mm. TB.

471 Méd. allégorique, 1565. Vermeil. 42 mm. TB.

472 Naissance de Jésus. ℞. Adoration des rois mages. Méd. en arg. repoussé. 83 mm. TB.

473 Méd. de Stampfer. Alliance des Suisses. Vermeil. 46 mm. TB.

474 Suède. Charles XIII et Hedw.-Élisab.-Charlotte. Leurs bustes affrontés. R'. Cérémonie du couronnement, 1809. Méd. de M. Frumerie. Arg. 58 mm. FDC.

475 Onze méd. en étain et br.

Italie.

476 Este (Isabelle Rammi. femme de Francesco d'). ISABELLA RAM.D.EST.MDLVI. Son buste à dr.; sur la tranche du bras, P = Pastorino (Armand I. 195. 43). Br. uniface et doré. 61 mm. 1/2. TB.

477 Este, Ferrare et Médicis. Huit méd. Br

478 Parme et Plaisance. Ranuce II. Grand médaillon. Br.

479 Sardaigne. Charles-Emmanuel. Son buste à g. R'. Dans un cartouche, son monogramme surmonté de la couronne royale; au-dessous, MDCCLV. Or. 40 mm. 35. 80 gr. TB.

480 Atti (Isotta) de Rimini. Deux méd. variées. Br.

481 Borghèse (J.-B., prince). Méd. 1666. Br. 57 mm. B.

482 Borromée (Ch.), cardinal, archevêque de Milan. Méd. ovale et uniface à son buste. Br. B.

483 Buonarroti (Michel-Ange), poète florentin. Méd. de A. Selvi. Br. 82 mm B.

484 Calslagen (Marg. van), femme de Joach. Polites. Son buste à g. Méd. uniface attribuée à Pompeo Leoni (Arm., I. 251. 9). Br. 69 mm. Pièce douteuse. B.

485 Capponi (card.), légat de Paul V. Grande méd., 1619. Br.

486 Capponi, auditeur du grand-duc d'Étrurie. Méd. de Soldani. Br. 66 mm. B.

487 Cocchi (Ant.), médecin florentin. Méd. de Selvi, 1745 (Kluyskens, I, 202). Br. 85 mm. B.

488 Columna (card. Jérôme), archevêque de Bologne. Br. coulé. 45 mm. B.

489 Fontana (Ch.), architecte romain. Méd. signée C.A.L. Br. 70 mm. B.

490 Isolani, cardinal (1413). Méd. signée F.DE.S.V (Ferd.
de St-Urbain. Commencement du xviiie siècle). Br.
74 mm. Pièce trouée.

491 Giustiniani (Orsato), vénitien (Arm. I, 35. 2). Br. 83 mm.
Pièce douteuse. B.

492 Lavori (Th.), peintre romain. Méd. s. d. (C. Well. 14082).
Br. 54 mm. B.

493 Ludovisi (L.), cardinal. Buste et église. Méd. de 1626
(Mazz. 105. 1). Br. 63 mm. TB.

494 Marattus (Ch.), peintre. Méd. de Chéron (Mazz. 154. 2).
Br. 70 mm. B.

495 Memmo (M.-A.), doge de Venise. Son buste à dr. ; au-
dessous, g.dvpre.f 1612. R'. Buste du cardinal Barbe-
rini, à dr. Br. 92 mm. TB.

496 — Autre exemplaire moins beau et douteux.

497 Ordelaffo (Franc. III dit Cecco), seig^r de Forli. Son
buste cuirassé, à g. R'. Cavalier à dr. (Arm. I. 43. 2).
Br. coulé. 47 mm. B.

498 Pactius (J.-J.), de Florence, fondateur de la société
colombophile, 1742. Méd. de Bindus Simon de Pérouse.
Br. 85 mm. TB.

499 Redi (F.), médecin florentin. Méd. de Soldani, 1684.
Buste et bacchanale. Br. 85 mm. — 2 p. B.

500 Rossi (Bernardo), évêque de Trévise (Arm. II. 105. 19).
Br. troué. 66 mm. B.

501 — Même pièce plus petite.

502 Santacroce (Prosper), cardinal. Buste à dr. ; au-dessous,
fed.coc. R'. GEROCOMIO. Vue de l'établissement ;
au-dessous, 1579 (Arm. I. 263. 5). Br. à bélière. B.

503 Tempi (Mis L.), sénateur florentin, 1717. Br. 85 mm. B.

504 Lot de médailles diverses.

505 Deux méd. aux bustes du Christ. Br.

MÉDAILLES PAPALES

506 Léon XI, Innocent VIII, Alexandre VI, Pie III, etc. Br.
et plomb. — 8 p. B.

507 Clément VII. Méd. uniface. Br. 67 mm. B.

508 Paul III et Jules III. Br. — 7 p. TB.

509 Pie V et Grégoire XIII. Br. — 5 p. B.

510 Sixte V. Buste à g. ; au-dessous, xi.bonis. ℞. B.MARIE.
D.POP.QVAR TVM AN.IIII.EREXIT. Obélisque et
l'église Maria del Populo. Méd. entourée d'un cercle
en torsade. Or. 35 gr. 45. 38 mm. TB.

511 Sixte V. Quatre médailles. Br. B.

512 — Buste à dr. ℞. Obélisque devant la basilique St Pierre.
Méd. de M. B., 1586. (Arm. I. 293. 2). Br. troué.
39 mm. B.

513 Grégoire XIV. Une méd. en arg. et trois méd. en br. —
4 p. TB.

514 Innocent IX. Trois médailles. Br. TB.

515 Clément VIII. Cinq médailles. Br. B.

516 Léon XI, Paul V et Grégoire XV. Une méd. en arg. et
cinq méd. en br. — 6 p. TB.

517 Urbain VIII. Dix médailles. Br. TB.

518 — Dix médailles. Br. B.

519 Alexandre VII. Grande méd., 1659. Buste à g ℞.
MVNIFICO.PRINCIPI.DOMINICVS.IACOBATIVS.
Gladiateur romain combattant un lion dans l'arène ;
au-dessous, sur une banderole : ET.FERA.MEMOR.
BENEFICII. Br. 98 mm. TB.

520 — Grand méd. uniface à son buste, à g., 1661. Br.
103 mm. TB.

521 — Buste à g. ; au-dessous, 1662. ℞. Église de la Vierge
d'Aricie. Br. 66 mm. Pièce trouée. TB.

522 Clément X et Innocent XI. Dix méd. variées. Br. **TB.**

523 Innocent XI. Huit méd. Br. **TB.**

524 — Deux méd. d'Hamerani, an I et an VIII. Br. doré. —
2 p. TB.

525 Alexandre VIII. Buste à g. R'. Monument funéraire érigé
en 1700 par le cardinal Pierre Ottobonus (Amp. 6085).
Br. doré. 65 mm. Pièce trouée. TB.

526 Clément XI. Quatre médailles. Br. B.

527 — Grand méd. uniface de C. Dubut, an VII. Br. 132 mm.
TB.

528 — Méd. de Saint-Urbain, an II. Br. troué. 52 mm. TB.

529 — Petit médaillon uniface à son buste. Ivoire. 33 mm. TB.

530 Benoît XIII et Clément XII et siège vacant de 174'. Br.
— 3 p. TB.

531 Clément XII. Jolie méd. d'Hamerani. Femme assise
tenant deux enfants. Arg. 37 mm. TB.

532 Benoît XIV. Sept méd. variées. Br. TB.

533 Clément XIII. Sept méd. variées. Br. TB.

534 — Le Tibre rendu navigable, 1763. Br. 38 mm. TB.

535 Pie VI, Pie VII et Léon XII. Deux méd. en plomb et
quatre en br. — 6 p. B.

536 Léon XII. Trois méd. en arg. 42 mm. TB.

537 Pie VIII. Deux méd. variées. Br. TB.

538 Grégoire XVI. Méd. de Girometti, 1832. Des anges por-
tant les attributs pontificaux. Arg. 43 mm. TB.

539 — Méd. de Cerbara, 1834. Établissement d'une route.
Arg. 43 mm. FDC.

540 — Méd. de Girometti, 1835. Église. Arg. 43 mm. FDC.

541 — Méd. de Girometti, 1841. Aqueduc de Claude. Arg.
43 mm. FDC.

542 — Méd. de Girometti, 1842. Forteresse d'Ancône (occu-
pée par les Français). Arg. 43 mm. FDC.

543 — Sept médailles variées. Br. TB.

544 Pie IX. Deux méd. en arg. et huit méd. en br. TB.

545 — 25 médailles en étain et en br. TB.

546 Collection de bulles papales et autres. — 65 p.

547 Méd. de Jac. Hol. au buste du sultan Selim. Br. uniface
et ciselé. 73 mm. TB.

548 Autre médaille de même travail. Br. 78 mm. TB.

549 Amulette à la Vierge à l'Enfant, formée de deux plaques
très minces. Travail russe ou byzantin. Or. 41 mm. B.

550 Plaque ronde représentant l'enlèvement des Sabines. Style
renaissance. Br. TB.

551 Plaquette ovale représentant le martyre de s^t Étienne. Br.
Fin du xvie siècle. TB.

552 Plaquette ronde représentant les forges de Vulcain. Br.
Fin du xvie siècle. B.

553 Grande plaque ronde. Noé et sa suite s'embarquent sur
l'arche. Br. Fin du xvie siècle. TB.

554 Grande plaque ronde. Des Amours en vendange. Br. Fin
du xviie siècle. TB.

MACON, PROTAT FRÈRES, IMPRIMEURS.

MACON, PROTAT FRÈRES, IMPRIMEURS

www.ingramcontent.com/pod-product-compliance
Ingram Content Group UK Ltd.
Pitfield, Milton Keynes, MK11 3LW, UK
UKHW022315170726
13837UKWH00005BA/2005